Libro de cocina para hacer helados caseros

Recetas fáciles y apetitosas para hacer tu propio helado (Helado de vainilla, helado de lima, helado vegano, helado de chocolate con crema, yogur helado y más)

Betty Kern

Copyright 2021 - Todos los derechos reservados.

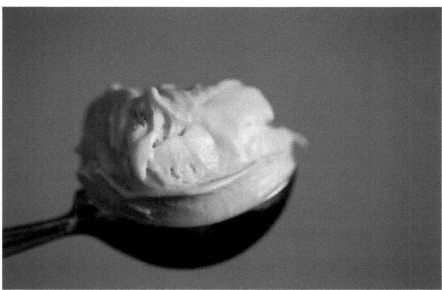

Índice de contenidos

Introducción

Hacer tus propios helados no tiene por qué ser difícil. De hecho, es de lo más divertido y satisfactorio. Este libro está dedicado a enseñarle a hacer sus delicias heladas favoritas en la comodidad de su hogar. Pero, en contra de muchas ideas erróneas, hacer helados nunca es difícil, siempre que se tenga una máquina para hacer helados. Y qué mejor manera de hacer su helado que tener su propia heladora Whynter.

Este libro contiene recetas de diferentes tipos de helado, empezando por los helados rápidos y sin culpa y terminando con los más sofisticados e impresionantes de diferentes países del mundo.

En este libro descubrirá el arte de hacer helados en casa con casi todos los ingredientes que tiene en su cocina. Con ingredientes sencillos y disponibles y pasos fáciles de seguir, este libro le guiará en el mundo del helado.

Capítulo 1: La heladera Whynter

Qué es un helado

El helado es un postre congelado elaborado con productos lácteos, normalmente nata espesa y leche, y combinado con una serie de adiciones y sabores. Puede ir desde el ultradulce -lleno de galletas, siropes y bizcochos- hasta el sutil y agrio. Hay bastantes estilos, desde el yogur helado hasta el sorbete y el gelato, aunque las recetas de este libro se centrarán en los helados más tradicionales al estilo francés y al estilo de Filadelfia.

La elaboración de helados no es un proceso sencillo si quieres que tus helados tengan el mismo aspecto y sabor que los comprados en la tienda, y para ello es necesario contar con una máquina de helados que puede ser bastante costosa.

Básicamente, un helado es una mezcla de crema congelada, un edulcorante y un agente aromatizante. El agente aromatizante es el responsable del sabor del helado. Algunos de los aromatizantes más populares hoy en día son: chocolate, vainilla, fruta, etc.

Los dos tipos de helados más comunes que vemos hoy en día son los de estilo francés y los de estilo americano.

- Helado a la francesa: Este tipo de helado utiliza natillas cocidas como base. Esta base es una mezcla de leche, nata, azúcar y huevos/yemas de huevo. Como probablemente pueda deducir al ver los ingredientes de la base, este tipo de helado es muy espeso y la base parece un pudín en su forma líquida. El helado producido con este método tiene un sabor rico y ligeramente a huevo y la textura es suave y aterciopelada.

- Helado al estilo americano - También se conoce como helado al estilo de Filadelfia, y es más ligero y fluido en comparación con el helado al estilo francés. Se elabora con leche, nata, azúcar y aromas, pero no contiene huevos. Tiene un sabor lácteo más marcado que constituye una buena base para otros sabores.

Ambos tipos de helados tienen sus ventajas e inconvenientes. Al final, todo se reduce al gusto personal. Si le gusta el sabor ligeramente a huevo, y le gusta el helado espeso y rico, la versión francesa es para usted. Si le gustan los helados ligeros y sencillos, la versión americana es para usted. Personalmente, me gustan las dos. Utilizo ambos estilos dependiendo de la receta. Algunos sabores funcionan mejor con un estilo. Por ejemplo, me gusta hacer helados con sabor a fruta con el estilo americano, ya que el huevo del estilo francés atenúa ligeramente el sabor afrutado. En cambio, el sabor a chocolate sabe mejor cuando se hace al estilo francés.

Heladera Whynter y cómo usarla

Utilizar la heladera Whynter no es ninguna ciencia espacial. De hecho, este aparato de cocina no tiene muchos botones: ¡sólo tiene el botón de encendido! Esto significa que sólo tiene que verter los ingredientes, encender la máquina y cronometrar el proceso para hacer sus delicias congeladas favoritas. Pero para obtener información adicional, a continuación encontrará los pasos generales sobre cómo utilizar la máquina de helados Whynter Ice Cream Maker.

Coloque el recipiente desmontable en el congelador durante al menos 2 horas.

Prepare los ingredientes como se indica en la receta. Asegúrese de que la receta no rinde más de 1 ½ cuartos de galón o 4 tazas.

Saque el bol del congelador y colóquelo en el centro de la base. Asegúrese de encender la heladera inmediatamente, ya que el bol comenzará a descongelarse y puede afectar al tiempo de congelación de los ingredientes.

Ponga la paleta mezcladora en el bol del congelador y coloque la tapa en la base. Gire en el sentido de las agujas del reloj hasta que las lengüetas de la tapa queden bloqueadas.

Pulse el interruptor de encendido/apagado en la posición ON. Esto hará que el recipiente del congelador gire.

Vierta los ingredientes a través de la boquilla para ingredientes. Es fundamental añadir los ingredientes al recipiente del congelador sólo después de encender el aparato.

Cronometre su máquina. Los postres congelados, como el helado, suelen estar listos en 20 minutos.

Pasar el postre a un recipiente hermético y congelar hasta el momento de consumirlo.

No guarde nunca los postres congelados en el recipiente del congelador, ya que los postres podrían pegarse a su tamaño y dañar el recipiente.

Ventajas de tener su propia heladora Whynter

Lo que hace especial a la heladera Whynter es que está diseñada para que hacer helados sea una tarea fácil. De hecho, es muy conveniente y económico hacer sus propios postres congelados en casa. No sólo sabe qué tipo de ingredientes van en su helado, sino que también ha ahorrado dinero, ya que puede hacer postres congelados con ingredientes que actualmente tiene en casa. Si bien estas son las ventajas de cualquier heladera, la heladera Whynter ofrece mucho más. A continuación se detallan los beneficios de poseer su propia heladora Whynter Fabricadora de helados.

Añadir ingredientes es un juego de niños: Este aparato de cocina viene con una boquilla para ingredientes que le permite añadirlos en un abrir y cerrar de ojos. Puede añadir frutos secos, patatas fritas y otros ingredientes sin interrumpir el ciclo de congelación. Esto significa que la temperatura interna de la cámara de helado se mantiene constante, por lo que la consistencia del helado es mejor en comparación con las heladeras convencionales.

Tapa transparente: La tapa de la heladera Whynter es transparente para que pueda comprobar todo el proceso de congelación así como el progreso de su postre. Por seguridad, la tapa se bloquea fácilmente en la base, por lo que no se desprende fácilmente durante el proceso de batido.

Viene con un potente brazo mezclador: Los problemas de mezcla son cosa del pasado gracias al potente brazo mezclador de la heladora Whynter. El brazo mezclador airea los ingredientes en el bol para que pueda crear un helado ligero y suave.

Paredes con doble aislamiento: Las paredes aisladas de la heladera Whynter contienen un líquido refrigerante que acelera el proceso de congelación. Las paredes de doble aislamiento mantienen la temperatura interna uniforme, por lo que todo se congela correctamente.

Ahorro de espacio: La heladera Whynter tiene un diseño que ahorra espacio. Tiene pies de goma que permiten que la máquina sea estable mientras se usa. Los pies de goma también evitan que la máquina se deslice, por lo que se puede colocar en cualquier tipo de superficie. Además, cuenta con un compartimento para el cable que mantiene el mostrador ordenado.

Helado Ingredientes

Los ingredientes son la parte más importante de una receta. Cuanto mejor y más frescos sean los ingredientes, mejor y más fresco será el sabor del producto final. Lo mejor del helado casero es que se tiene un control total sobre los ingredientes.

Si no quiere reducir la grasa, la leche entera fresca le dará el mejor resultado. La leche entera hace un helado más rico y espeso que la leche desnatada. La nata también es una parte importante de la receta, y la nata espesa o la nata para montar es lo mejor para todas las recetas. Sin embargo, si desea sacrificar la riqueza para obtener un helado con menos calorías, no dude en utilizar ingredientes lácteos con menor contenido de grasa.

Después de los lácteos, el azúcar es la segunda parte más importante de un helado. Claro que el azúcar hace que el helado tenga un sabor dulce y realza su aroma, pero eso no es todo. El azúcar es vital para la textura suave y cremosa del helado, ya que impide la formación de cristales de hielo durante el proceso de congelación. Aun así, si estás intentando reducir el azúcar, no dudes en utilizar menos azúcar de la que recomiendan las recetas.

Sin embargo, cuanto menos azúcar utilice, más helada será la textura del producto final.

Cuando se trata de postres congelados, lo que se pone es lo que se obtiene. Cuanto mejores sean los ingredientes que utilices, mejor será el resultado, así que utiliza los de mejor calidad que puedas. Sus esfuerzos se verán recompensados con un sabor fantástico.

Fruta fresca y bayas

El cacao en polvo procesado en Holanda significa simplemente que el cacao en polvo ha sido tratado con un álcali para reducir la acidez. El proceso hace que el color sea un poco más oscuro, y el sabor es más suave que el del cacao en polvo natural. Hay muchas marcas disponibles, desde Hershey's, que se encuentra en la mayoría de las tiendas de comestibles, hasta Valrhona, una calidad excepcional recomendada por numerosos chefs.

Cítricos

Cuanto más pesada parezca la fruta, más jugosa será probablemente. Deje que los cítricos alcancen la temperatura ambiente antes de intentar exprimirlos para obtener zumo fresco: Obtendrá más rendimiento de su inversión. Hacer rodar una naranja o un limón sobre la encimera con un poco de presión de la palma de la mano también ayudará a liberar los jugos antes de exprimirlos.

Chocolate

El chocolate de alta calidad puede ser caro, pero una vez que lo haya probado, apreciará la diferencia. Empresas como Scharffen Berger y Ghirardelli ofrecen excelentes chocolates por su precio, y son fáciles de conseguir en la mayoría de los supermercados.

Leche

Cuando se pide leche en una receta, debe utilizarse leche entera. Si es necesario, sustitúyala por una del 2%, pero prevea posibles fallos. En ningún caso debe utilizarse leche al 1% o desnatada. La leche condensada y la mitad de la leche también se utilizan en algunas recetas. No deben sustituirse por otros ingredientes.

Crema

Cuando se pida nata, se utilizará nata espesa o doble. El alto contenido en grasas de la leche crea un resultado más delicioso, rico y cremoso.

Azúcares

A lo largo de este libro se utilizan el azúcar blanco granulado estándar, el azúcar moreno claro, el azúcar moreno oscuro y el azúcar en polvo, también conocido como azúcar de confitería. En algunas recetas se utilizarán azúcares especiales, como el azúcar sin refinar o el azúcar superfino, que se puede adquirir en muchas grandes tiendas de alimentación o en tiendas especializadas. Aparte de cambiar el azúcar moreno por el moreno claro, no debe sustituir una variedad por otra. Mida el azúcar blanco simplemente con una cuchara, pero los azúcares morenos deben estar bien empaquetados para su medición.

Algunas recetas de helados piden que se pulse la ralladura de los cítricos y el azúcar en un procesador de alimentos, pero un método similar y eficaz es utilizar los dedos. Simplemente añada la ralladura al azúcar y siga amasando y apretando la mezcla hasta que la ralladura haya soltado su aroma y se haya convertido en parte del azúcar. A continuación, continúe con la receta como se indica. Este método también es muy útil cuando se preparan productos horneados, como las cortezas de las tartas, en los que se desea un toque extra de sabor.

Sustitutos del azúcar

El agave, la Splenda, la miel y la stevia son edulcorantes que se utilizan en algunas recetas para dietas especiales. Si te sientes cómodo utilizando otro edulcorante artificial o natural, experimenta como mejor te parezca. Aunque algunas de las recetas incluidas en el capítulo sin azúcar no contienen azúcares refinados, tenga en cuenta que el néctar de agave, las frutas y la miel siguen teniendo azúcar. Son un sustituto más saludable del azúcar, ya que son naturales, pero quienes sigan una dieta restringida deben consultar con un médico antes de añadir estos ingredientes a su propia dieta.

Yogur

En este libro se utilizan tanto el yogur natural como el griego. Para las recetas que requieren yogur griego, se ha utilizado la marca Oikos, aunque hay muchas otras marcas aceptables en el mercado. Se puede experimentar, cambiando el yogur natural por el griego y viceversa. La nata agria también se puede utilizar en caso de necesidad, taza por taza. El yogur griego, incluso el descremado o reducido en grasa, es más espeso, por lo que es ideal para los postres congelados. Tenga cuidado si sustituye los yogures normales sin grasa o reducidos en grasa en las recetas que requieren yogur griego, ya que el contenido líquido puede dar lugar a una consistencia menos deseable.

Harina

La harina es necesaria para los pasteles, galletas y brownies que aparecen en este libro. En la mayoría de las recetas se utiliza harina para todo uso, aunque si se desea, se puede sustituir la harina integral por la mitad de la harina para todo uso. Para medirla, tamice primero la harina y, a continuación, recójala y nivélela, sin que quede demasiado llena.

Huevos

Las recetas se han probado con huevos grandes, disponibles en todos los supermercados. Puedes encontrarlos sin jaula, ecológicos, blancos, morenos... utiliza cualquier variedad que desees.

Hierbas

En esta colección de recetas se utilizan menta, albahaca, lavanda y otras hierbas. A menos que se indique lo contrario, se supone que se utilizan hierbas frescas y no secas. La mayoría, si no todas, están disponibles en la sección de productos de la mayoría de las cadenas de tiendas de comestibles. También son muy fáciles de cultivar en su propio jardín o en macetas para disfrutarlas todo el año.

Vainilla

La vainilla es el aromatizante más común en este libro. Cuando una receta pida extracto de vainilla, utilice el extracto, no el aromatizante de imitación. Las vainas de vainilla también son fáciles de conseguir en la mayoría de los supermercados, aunque se pueden encontrar a muy buen precio en muchas tiendas online.

Herramientas importantes para hacer helados

Con la excepción del granizado, todos los helados, sorbetes, sorbetes, helados y yogures congelados que aparecen en este libro requieren el uso de equipos especiales. Una máquina de helados, ya sea de accionamiento manual, de refrigeración automática o que requiera la congelación previa de los botes, es un elemento básico en la producción de estos brebajes congelados. También le resultará útil disponer de algunos otros productos, desde batidoras hasta moldes para hornear, para hacer el proceso un poco más fácil.

Máquinas de helados

Hoy en día hay muchas heladeras en el mercado. Con un poco de investigación, podrá encontrar una que se adapte a sus necesidades y a su presupuesto. Las cadenas de tiendas, como WalMart (www.walmart.com), Target (www.target.com) y Macy's (www.macys.com), son excelentes lugares para encontrar una variedad de máquinas a varios precios. En Amazon.com y otros minoristas en línea hay multitud de opciones. Nunca está de más comparar precios.

La mayoría de las cocinas domésticas optan por las populares heladeras que requieren la congelación previa de los botes. Estas máquinas suelen producir de 1 a 2 cuartos de helado a la vez, y pueden guardarse cuando no se usan, cediendo un valioso espacio en la encimera. ¿El inconveniente? Los botes deben congelarse durante varias horas antes de utilizarlos, por lo que es necesario planificarlos con antelación. Sin embargo, es un inconveniente que muchos aceptarán de buen grado por su valor y comodidad. Todas las recetas de este libro se han preparado con este tipo de máquina de helados, y todas ellas con excelentes resultados.

La heladera Whynter fabrica varias máquinas de calidad, incluida una que bate dos sabores al mismo tiempo utilizando dos botes. Si tiene una batidora de pie KitchenAid, ésta ofrece un robusto y apreciado accesorio para helados para sus versátiles máquinas.

Si se toma en serio la elaboración de helados y tiene la intención de hacer más de un par de lotes a la semana, es posible que prefiera un modelo autorrefrigerante. El coste es sustancialmente mayor que el de los modelos anteriores, y no se puede obviar el espacio extra que consumirá. Pero no es necesario planificar con antelación, y se puede producir un lote tras otro de sorbetes y helados sin esperar.

Las heladeras no eléctricas, como las que se usaban en el pasado, siguen en el mercado. Estos modelos suelen permitir hacer un lote más grande que los modelos de sobremesa, pero prepárese: Las máquinas de hielo y sal de roca son una labor de amor. Los helados deben estar en marcha durante bastante tiempo para producir el resultado final, y requieren una gran cantidad de hielo y sal gema. Existen variedades motorizadas, pero suelen ser muy ruidosas y no permiten añadir ingredientes, ya que no se pueden abrir hasta el final.

Batidora de pie

Una batidora de pie es un lujo, pero hace que montar nata, merengue y batidos sea un juego de niños. KitchenAid es mundialmente conocida por su icónica batidora, que ha cambiado muy poco desde sus inicios. Batidores, batidores y ganchos para amasar vienen de serie con estas máquinas. Cuisinart, Sunbeam, Hamilton Beach y Viking también son marcas populares. Además, tanto la batidora Whynter como la KitchenAid ofrecen accesorios de recipientes congelables para hacer helados.

Batidora de mano

Sin al menos una batidora de mano, batir merengues hasta conseguir picos firmes es toda una tarea. Las batidoras de mano son fáciles de conseguir y muchas son bastante económicas. Los modelos más caros suelen ser más silenciosos y tener más velocidades.

Licuadoras y procesadores de alimentos

Una batidora o un robot de cocina son absolutamente imprescindibles para elaborar muchas de las recetas de este libro. Ambos pueden utilizarse indistintamente, ya que se emplean para combinar y hacer puré los ingredientes hasta conseguir un estado uniforme. Las licuadoras suelen ser más económicas y ofrecen una mayor capacidad estándar. Si utiliza un robot de cocina, elija un modelo con un recipiente de 6 tazas o más.

El uso de una batidora puede convertirse en una situación sucia si no tienes cuidado. Cubre la parte superior de la batidora con un paño de cocina mientras la utilizas, y nunca llenes la batidora más de la mitad del recipiente. Ten siempre aproximadamente la mitad de líquido en la batidora para compensar los sólidos, y recuerda dejar una rendija abierta en la parte superior. Para empezar a licuar, "pulse" unas cuantas veces para asegurarse de que las cuchillas pueden girar libremente.

Cacerolas

Muchas recetas, especialmente las que requieren la creación de natillas, deben hacerse en una cacerola. Las cacerolas de fondo grueso o de hierro fundido esmaltado merecen el gasto adicional que suponen.

Zesters

Aunque los ralladores de caja están bien para rallar la piel de los cítricos, un rallador microplane de mano hace el trabajo en menos tiempo y con mejores resultados.

Hojas para hornear, moldes para hornear y moldes para magdalenas

En este libro se utilizan bandejas para hornear para las creaciones de galletas. Un buen molde antiadherente y brillante es una inversión de calidad y permite obtener mejores resultados tanto en pasteles como en galletas. Los moldes para magdalenas se utilizan para los cupcakes de helado y los Nutty Buddies.

Alfombrillas de silicona

Los tapetes de silicona son cada vez más populares, y con razón. Estos tapetes reutilizables evitan que se quemen y se peguen los productos horneados. También son muy fáciles de limpiar.

Papel de pergamino

El papel de pergamino es un gran producto antiadherente que se utiliza en una gran variedad de aplicaciones. Colóquelo en las bandejas para hornear para evitar que se pegue.

Máquina para hacer gofres o pizzetas

Prácticamente no hay forma de hacer un cono de gofre sin una máquina para hacer gofres. Las pizzetas -galletas finas y extravagantes similares a los conos de gofre- se hacen con una máquina para hacer pizzetas. Tanto los fabricantes de conos de gofre como los de pizzetas implican verter una fina masa en la plancha, cocinarla e inmediatamente envolver el producto caliente alrededor de un utensilio para conos, darle forma a mano o colocarlo en un bol para crear un recipiente alternativo.

Cómo hacer helado con la heladera Whynter

Hay varias direcciones para hacer helado, pero las dos más populares se conocen comúnmente como "estilo Filadelfia" y "estilo francés". El estilo francés utiliza una base de crema pastelera, hecha con nata espesa y huevos, y debe enfriarse con mucha antelación. Utilizamos esta dirección en la mayoría de nuestras recetas, ya que produce un helado cremoso y rico que mantiene bien las adiciones. El estilo Filadelfia no utiliza huevos ni una base de crema pastelera, sólo leche y nata. También hace un helado delicioso, y lo utilizamos también para algunas de las recetas.

Como con cualquier otra delicia, la elaboración del mejor helado comienza con los ingredientes adecuados. En la mayoría de las recetas de este libro, utilizamos azúcar granulado (a menos que se indique lo contrario), huevos grandes, leche entera y nata espesa. Puede intentar sustituir la nata espesa por media crema, pero la textura no será tan cremosa y suave. No recomendamos utilizar otra leche que no sea la entera (homogeneizada). La nata aporta la grasa de la leche, vital para la textura, y la leche aporta los sólidos de la leche, que es parte de lo que da al helado su textura algo batida. La combinación de ambas es lo que da al helado su icónica textura suave y cremosa.

A la hora de congelar su helado, siga las recomendaciones de su máquina específica. Por lo general, tendrá que haber congelado el bol de su heladora durante al menos 24 horas antes de hacer el helado. Nosotros mantenemos la nuestra en el congelador en todo momento, ¡para no olvidarnos accidentalmente de la parte más importante!

Lo más importante, por supuesto, es divertirse. Hacer helado requiere un poco de paciencia, pero las combinaciones de sabores y el resultado final es un delicioso manjar refrescante que se conserva durante meses.

Conozca sus medidas

Medir por tazas hace muy difícil dar equivalentes de peso, ya que la densidad juega un papel importante cuando se trata de peso. Por lo tanto, la forma más fácil de tratar las medidas en taza en las recetas es tomar la cantidad por volumen en lugar de por peso. Así, la ecuación es la siguiente 1 taza = 240ml = 8 onzas líquidas ½ taza = 120ml = 4 onzas líquidas Es posible comprar un juego de medidas de taza americano en las principales tiendas del mundo.

En Estados Unidos, la mantequilla se mide a veces en barritas. Una barra equivale a 8 cucharadas. Por tanto, una cucharada de mantequilla equivale a ½ onza/15 gramos.

Medidas líquidas 1 cucharadita= 5 mililitros 1 cucharada = 14 mililitros 2 cucharadas= 1 onza líquida Medidas sólidas 1 onza= 28 gramos 16 onzas= 1 libra

Comience con una base para su helado

Lo más fácil es meter el helado en un bol y servirlo. Hay muchas más formas sabrosas de servir tu helado. Diviértete y deja volar tu imaginación. Aquí tienes algunas opciones estupendas para servir tu helado como un profesional.

- Cono o taza de gofre
- Cono de azúcar

- Cono de pretzels
- En tortitas o crepes En gofres
- Sobre la tarta
- Sobre la tarta
- Sobre las rosquillas
- Sobre los brownies
- En tazas de galletas
- En una tortilla bañada en chocolate Entre dos galletas En un bol de masa de pastel En una crema de leche
- Encima de un melocotón a la parrilla Entre dos trozos de bizcocho

Recubrimientos

Aquí es donde realmente se puede ir salvaje y divertirse. Aquí hay literalmente un sinfín de posibilidades. Cualquier tentempié que te guste probablemente irá acompañado de algún tipo de helado. La fruta fresca es siempre una buena opción saludable. Aquí tienes algunas opciones para despertar tu imaginación.

- Palitos de pretzel
- Pretzels cubiertos de chocolate Cereales para el desayuno
- Brownies
- Malvaviscos
- Mezcla de Chex
- Mezcla de frutos secos

- Espolvorear
- Galletas Graham
- Semillas de sésamo
- Galletas Ritz
- Barras de caramelo troceadas Piruletas trituradas
- Mochi
- Nueces
- M&M's
- Gominolas
- Palomitas de maíz
- Galletas
- Ositos de goma
- Frutas secas
- Nata montada
- Chips de chocolate
- Cacao en polvo
- Canela
- Vainilla
- Arándanos
- Frambuesas
- Fresas
- Manzanas
- Pasas de uva
- Cerezas

- Arándanos
- Plátanos
- Pasas de Corinto
- Melón
- Melocotones
- Peras
- Naranjas
- Mango
- Piña

No se olvide de la salsa

Las salsas añaden una textura y un sabor encantadores a la vez. Sin embargo, la salsa no tiene por qué ir por encima. Utiliza las salsas para decorar el plato o el bol. Puedes hacer tus propias salsas y ponerlas en botellas exprimibles para crear bonitos diseños. Si no tienes tiempo de hacerlas tú mismo, tu tienda de alimentación local tiene muchas. Aquí tienes algunas salsas que complementan el helado.

- Chocolate
- Chocolate blanco
- Vainilla
- Caramelo de mantequilla
- Caramelo
- Arándanos

- Fresa
- Frambuesa
- Limón
- Cereza
- Moca
- Mantequilla de cacahuete
- Café
- Jarabe de arce
- Salsa de praliné
- Menta

Técnicamente, siempre que se congele la nata, se debería obtener helado. Si simplemente echas un poco de nata en un congelador, obtienes helado, pero este proceso hace que el helado sea malo, con cristales de hielo y demás.

Como estás aquí para dominar de verdad el helado, harás el helado de la manera correcta. La forma correcta de hacer helado es congelar rápidamente la mezcla base aromatizada mientras se remueve. La agitación puede ser lenta o rápida, no importa mucho. La congelación rápida mientras se remueve da un producto final suave y cremoso como la seda.

Es importante remover la base para que se enfríe rápida y uniformemente. Si no se remueve la base, se forman cristales de hielo, y eso es malo, un mal helado. Al remover también se añade aire a la base, lo que hace que la crema sea esponjosa y suave.

Necesitará un producto final esponjoso y suave. El helado esponjoso y blando se derrite uniformemente en la lengua y se puede sacar con normalidad. No se puede sacar con una cuchara el hielo duro.

Los cuatro pasos básicos para hacer helado

El proceso de elaboración de un helado varía según los ingredientes y el estilo. Estos son los pasos básicos para hacer un helado de tipo crema; los tres últimos pasos son prácticamente los mismos para cualquier tipo de helado o sorbete.

Cocinar

Este paso suele consistir en cocer la leche y la nata juntas en una cacerola, a veces con la adición de uno o varios aromatizantes, como la vainilla. A continuación, se combinan las yemas de huevo con el azúcar para hacer una pasta espesa y brillante, se incorpora la mezcla de leche recalentada, lenta y cuidadosamente, con la mezcla de huevo y, por último, se devuelve la mezcla combinada al cazo y se cocina hasta que alcance una consistencia similar a la de las natillas. Para comprobar esta etapa, se levanta la cuchara mezcladora de la mezcla y se pasa un dedo por el dorso de la misma. Si el dedo deja una marca clara, la mezcla está lista.

Refrigeración

La mezcla cocida debe verterse en un recipiente de algún tipo, como una jarra o un cuenco grande, y dejarse enfriar a temperatura ambiente. Luego se tapa y se refrigera durante al menos una hora para que se enfríe. El enfriamiento es un paso esencial para prepararla para el proceso de congelación.

Agitando

La mezcla se transfiere a una heladora y se deja batir y congelar parcialmente. Este paso, que suele durar entre 30 y 40 minutos, es el que da al helado su textura suave y ligera.

Congelación

Transfiera el helado a un recipiente adecuado o a un molde de helado, cúbralo con una tapa y métalo en el congelador para que se solidifique. Esto llevará al menos 1 hora. Una vez sacado del congelador, el helado deberá dejarse unos 15 minutos a temperatura ambiente para que se ablande y pueda sacarse con facilidad.

Cómo conservar el helado casero

1. Empiece por comprobar la temperatura de su congelador. Debe estar a cero grados F o menos; esta es la mejor temperatura para almacenar el helado.

2. Consiga recipientes planos y poco profundos. Mientras que en Estados Unidos el helado suele venderse en recipientes altos, el verdadero helado italiano solo se almacena en recipientes planos y poco profundos para mantener la consistencia.

3. Cubra el helado con una envoltura de plástico. Esto evitará que se formen cristales de hielo. También puede utilizar recipientes herméticos para mantener el helado cubierto.

4. Guarde el helado listo en la parte trasera del congelador, la temperatura allí es la más fría. No lo almacene en la puerta del congelador.

5. No cambie la temperatura con demasiada frecuencia. Descongélalo un poco antes de servirlo y vuelve a meterlo en el congelador. Si se derrite el helado por completo, habrá que repetir el proceso de batido de nuevo. Métalo en el congelador durante 1 hora, luego remuévalo bien y vuelva a meterlo en el congelador durante 1-2 horas. Repita el proceso 2-3 veces más.

6. Una de las reglas principales: almacenar el helado casero durante no más de 2 meses. Los helados comerciales pueden almacenarse durante más tiempo, ya que suelen contener estabilizadores y conservantes.

Hacer helado sin máquina

Si no tienes una heladora, lo que te recomendaría es usar la base de helado, aromatizarla con tus sabores favoritos, y verterla en un molde de 9x13 pulgadas apto para el congelador, de vidrio tipo Pyrex o de acero inoxidable, ya que tiene que ser un molde apto para el congelador. Tendrás que congelarlo durante al menos 4 horas antes de servirlo, pero lo importante en este proceso es batirlo cada 30 minutos, para que se congele uniformemente. Es más difícil hacer helado casero de esta manera, pero funcionará bien y dará como resultado una bola perfecta de helado casero, gelato, sorbete o yogur helado que estarás orgulloso de servir a tu familia o amigos.

Tablas de conversión de cocina

Tabla de conversiones de volumen métrico

1/8 cucharadita	0,5 mililitros
1/4 cucharadita	1 mililitro
1/2 cucharadita	2,5 mililitros
3/4 de cucharadita	4 mililitros
1 cucharadita	5 mililitros
1 1/4 cucharaditas	6 mililitros
1 1/2 cucharaditas	7,5 mililitros
1 3/4 cucharaditas	8,5 mililitros
2 cucharaditas	10 mililitros
1/2 cucharada	7,5 mililitros
1 cucharada (3 cucharaditas, 1/2 onza líquida)	15 mililitros
2 cucharadas (1 onza líquida)	30 mililitros

1/4 de taza (4 cucharadas)	60 mililitros
1/3 de taza	90 mililitros
1/2 taza (4 onzas líquidas)	125 mililitros
2/3 de taza	160 mililitros
3/4 de taza (6 onzas líquidas)	180 mililitros
1 taza (16 cucharadas, 8 onzas líquidas)	250 mililitros
1 1/4 tazas	300 mililitros
1 1/2 tazas (12 onzas líquidas)	360 mililitros
1 2/3 tazas	400 mililitros
2 tazas (1 pinta)	500 mililitros
3 tazas	700 mililitros
4 tazas (1 cuarto)	950 mililitros
1 cuarto de galón más 1/4 de taza	1 litro
4 cuartos (1 galón)	3,8 litros

Tabla de conversión del peso métrico

1/2 onza	7 gramos
1/2 onza	15 gramos
3/4 de onza	21 gramos
1 onza	28 gramos
1 1/4 onzas	35 gramos
1 1/2 onzas	42,5 gramos
1 2/3 onzas	45 gramos
2 onzas	57 gramos
3 onzas	85 gramos
4 oz. (1/4 lb.)	113 gramos
5 onzas	142 gramos
6 onzas	170 gramos
7 onzas	198 gramos
8 oz. (1/2 lb.)	227 gramos

12 oz. (3/4 lb.)	340 gramos
16 oz. (1 libra)	454 gramos
32,5 oz. (2.2 lbs.)	1 kilo

Tabla de conversión de temperaturas

200° F	100° C	Un horno muy chulo
250° F	120° C	Un horno muy chulo
275° F	140° C	Horno frío
300° F	150° C	Horno frío
325° F	160° C	Horno muy moderado
350° F	180° C	Horno moderado
375° F	190° C	Horno moderado
400° F	200° C	Horno moderadamente caliente
425° F	220° C	Horno caliente
450° F	230° C	Horno caliente
475° F	246° C	Horno muy caliente

Capítulo 2: Recetas de helados

1.   Helado de mantequilla de vaca

Tiempo de preparación: 30 minutos

Porciones: 3

Ingredientes:

2 tazas de crema de leche

1 taza de leche

3/4 taza de azúcar

1 cucharada de extracto de vainilla

1 taza de plátanos en rodajas 2 barras de caramelo Butterfinger.

Direcciones:

Poner la leche y la nata en un bol. Mézclelos hasta que estén bien combinados. Utilizar una batidora de varillas para incorporar el azúcar. Seguir batiendo durante 4 minutos hasta que el azúcar se disuelva. A continuación, añada el extracto de vainilla.

Ponga todos los ingredientes en un procesador de alimentos o en una batidora y hágalos puré.

Vierta los ingredientes en la heladora. Deje que se bata durante 25 minutos.

Servir inmediatamente.

2.   Helado Musketeers Soft Serve

Tiempo de preparación: 35 minutos Raciones: 3

Ingredientes:

2 tazas de nata líquida 1 taza de leche

3/4 taza de azúcar

1 cucharada de extracto de vainilla 1 taza de plátanos en rodajas

2 barras de caramelo de 3 mosqueteros.

Direcciones:

Poner la leche y la nata en un bol. Mézclelos hasta que estén bien combinados. Utilizar una batidora de varillas para incorporar el azúcar. Seguir batiendo durante 4 minutos hasta que el azúcar se disuelva. A continuación, añada el extracto de vainilla.

Ponga todos los ingredientes en un procesador de alimentos o en una batidora y hágalos puré.

Vierta los ingredientes en la heladora. Deje que se bata durante 25 minutos.

3.   Helado de mantequilla de cacahuete y plátano

Tiempo de preparación: 2 horas

Porciones: 3

Ingredientes:

4 plátanos muy maduros

1/4 de taza de mantequilla de cacahuete (suave o en trozos)

1 cucharada de aceite de coco

1/2 cucharadita de canela molida

1/4 de cucharadita de nuez moscada rallada

pizca de sal kosher

Direcciones:

Corta los plátanos en rodajas de 1/4" de grosor y dedícalos a una bolsa de plástico ziptop. Coloque las rodajas en una sola capa en el congelador para que las rodajas se congelen individualmente en lugar de en un grupo grande.

Congelar los plátanos durante al menos 2 horas y hasta toda la noche. Poner los plátanos congelados, la mantequilla de cacahuete, el aceite de coco, la canela, la nuez moscada y la sal en un procesador de alimentos o en una batidora y dejar reposar durante 2 o 3 tres minutos. A continuación, haga un puré hasta que esté cremoso y suave. Si te gusta la consistencia de un yogur congelado, entonces sírvelo.

Si le gusta una experiencia de helado más firme, póngalo directamente en un recipiente y congele durante aproximadamente una hora.

4. Receta de helado de fruta fresca en una bolsita

Tiempo de preparación: 40 minutos

Porciones: 3

Ingredientes:

1 taza de nata líquida

2 cucharadas de azúcar blanco

1 cucharadita de extracto de vainilla

1/4 de taza de fresas frescas picadas

4 tazas de cubitos de hielo

1/4 de taza de sal kosher

Direcciones:

Combine la mitad y la mitad, el azúcar, la vainilla y las fresas en una bolsa de plástico resellable de un cuarto de galón. Presione el aire de la bolsa, séllela y agítela para mezclar el contenido. Coloque la bolsa directamente en una bolsa con cierre de tamaño galón. Añade el hielo a la bolsa de un galón, presiona el aire y sella la bolsa.

Envuelva las bolsas en una toalla suave. Agitar continuamente, hasta que el contenido de la pequeña bolsa se espese y se convierta en un helado suave, de 5 a 10 minutos.

Enjuague la bolsita rápidamente bajo el agua fría para limpiar la sal. Coloque la bolsita rellena de helado sobre una superficie fija. Utilice el mango de una cuchara de madera para empujar el helado hasta la esquina inferior de la bolsita. Corte la esquina y exprima el helado en un bol.

5.   Receta de helado de moca y café expreso

Tiempo de preparación: 2 horas

Porciones: 5

Ingredientes:

2 tazas de nata para montar

1 1/2 tazas de leche entera

3/4 de taza de azúcar blanco

1/2 taza de espresso preparado, refrigerado

1/4 de taza de sirope de chocolate

3/4 de taza de almendras tostadas con cacao , picadas

4 onzas de chocolate negro , picado

Direcciones:

Mezclar la nata espesa, los lácteos, el azúcar, el café expreso y el sirope de chocolate en un bol hasta que se disuelva el azúcar. Refrigere hasta que se enfríe.

Vierta la mezcla enfriada en una heladora y congele según las instrucciones del fabricante hasta que adquiera la consistencia de una "porción blanda". Incorpore las almendras y los chocolates. Sirva el helado blando o transfiera el helado a un recipiente de plástico con tapa de uno o dos cuartos de galón; cubra la superficie con una envoltura de plástico y séllelo. Para obtener los mejores resultados, el helado debe madurar en el congelador durante al menos 2 horas o toda la noche.

6. Helado de melocotón y leche de mantequilla

Tiempo de preparación: 4 horas

Porciones: 5

Ingredientes:

1 1/2 libras de melocotones (unos 6 pequeños), más melocotones en rodajas para servir

1 taza de suero de leche de granja

1 cucharadita de ralladura de limón más 2 cucharadas de zumo de limón fresco 6 yemas de huevo grandes

2 tazas de crema de leche

1 taza de azúcar 1/8 cucharadita de sal kosher

1 vaina de vainilla, partida a lo largo, con las semillas raspadas

Direcciones:

Poner una cacerola mediana con agua a hervir. Llene un recipiente grande con agua helada. Con un cuchillo de pelar afilado, marcar una X en la parte inferior de cada melocotón. Añade los melocotones al cazo y escáldalos antes de que la piel empiece a desprenderse, de 1 a 2 2 minutos. Pasar los melocotones al baño de hielo y dejar que se enfríen completamente. Deshazte de la cacerola.

Pelar y picar los melocotones. Páselos a un procesador de alimentos y hágalos puré hasta que estén suaves. Páselo a un bol grande y añada el suero de leche, la ralladura de limón y el zumo de limón. Tapar y refrigerar hasta que se enfríe.

En un bol mediano resistente al calor, batir las yemas de huevo. En la cacerola mediana, hervir la nata con el azúcar, la sal y la vaina de vainilla y sus semillas a fuego moderado, batiendo de vez en cuando, antes de que el azúcar se haya disuelto, unos cinco minutos. Sin dejar de batir, vierta lentamente la mitad de la mezcla de nata caliente en las yemas de huevo. Vuelva a verter la mezcla en la cacerola y cocine a fuego moderado, batiendo constantemente, antes de que las natillas estén lo suficientemente espesas como para cubrir el tronco de una cuchara, entre 8 y 10 minutos. Pasar las natillas por un excelente colador colocado sobre un bol resistente al calor y dejar que se enfríen a temperatura ambiente. Bata la mezcla de suero de leche y melocotón enfriada. Presione una lámina de plástico directamente sobre la parte superior de las natillas y refrigere hasta que estén frías, al menos 3 horas.

Empleando en 2 tandas, congelar la base de helado en una máquina de helados siguiendo las instrucciones del fabricante. Envasar el helado en recipientes de plástico y congelar hasta que esté firme, al menos 4 horas o toda la noche. Sirva el helado cubierto con rodajas de melocotón.

7.   Yogur helado vegano de mora, limón y coco

Tiempo de preparación: 3 horas

Porciones: 5

Ingredientes:

2 tazas de yogur de coco

1/4 de taza de azúcar o jarabe de arce

1/2 cucharadita de extracto de vainilla

1/4 de taza de coco rallado

½ taza de moras

1 limón

Direcciones:

NOTA: ¡Congele su bol de helado durante al menos 24 horas antes de empezar!

Haga un puré con las moras y el limón en un procesador de alimentos o una batidora.

Poner el yogur en un bol. Mezclar el azúcar con un batidor de varillas. Continúe batiendo durante unos 4 minutos hasta que el azúcar se disuelva. A continuación, añada el extracto de vainilla y el puré de moras.

Vierta los ingredientes en la heladora y déjela batir durante 25 minutos. Unos 5 minutos antes de que el helado termine de batirse, añade el coco rallado a la heladera.

Poner el yogur congelado en un recipiente hermético y meterlo en el congelador durante al menos 2 horas, hasta alcanzar la consistencia deseada.

8.   Helado de galleta crujiente de caramelo

Tiempo de preparación: 40 minutos

Porciones: 5

Ingredientes:

2 tazas de crema de leche

1 taza de leche

3/4 taza de azúcar

1 cucharada de extracto de vainilla

1 ½ tazas de mini barritas Twix picadas

Direcciones:

NOTA: ¡Congele su bol de helado durante al menos 24 horas antes de empezar!

Ponga la leche y la nata en un bol y mézclelas hasta que estén bien combinadas. Utilizar un batidor de varillas para incorporar el azúcar. Seguir batiendo durante unos 4 minutos hasta que el azúcar se disuelva. Incorporar el extracto de vainilla.

Vierte los ingredientes en la heladera y deja que se bata durante 25 minutos. Unos 5 minutos antes de que el helado termine de batirse, añade los snickers a la heladera.

Servir inmediatamente.

Capítulo 3: Recetas de remolinos y giros

9. Receta de hielo de limón

Tiempo de preparación: 2 horas

Porciones: 4

Ingredientes:

1 limón, pelado y exprimido

1 limón, exprimido 2 tazas de leche fría, refrigerada

1 lata (14 onzas) de leche condensada descremada, refrigerada

Direcciones:

En el bote de congelación de una heladora, combine la ralladura de limón, el zumo de limón, la leche y la leche condensada azucarada. Congele según las instrucciones del fabricante.

10.   Receta de helado de limón ácido

Tiempo de preparación: 3 horas Raciones: 4

Ingredientes:

1 limón grande, exprimido y pelado 1 taza de azúcar blanco

1 taza de leche

1 taza de nata líquida, refrigerada

Direcciones:

Combine la ralladura de limón y el azúcar en el recipiente de un procesador de alimentos. Triturar hasta que la ralladura quede muy fina. En un cuenco mediano, mezcle el azúcar y la leche hasta que el azúcar se haya disuelto y, a continuación, añada el zumo de limón. En otro cuenco, monte la nata espesa hasta que esté dura, pero no granulada. Incorpore suavemente la nata montada a la mezcla de limón hasta que esté bien mezclada.

Vierta la mezcla en un molde para pan de 9x5 pulgadas y cúbralo con papel de plástico. Congele durante 3 horas, o hasta que esté firme.

11.   Helado de café

Tiempo de preparación: 3 horas Raciones: 4

Ingredientes:

4 yemas de huevo grandes 1/2 taza de granos de café enteros

2 tazas de crema de leche

1 taza de media leche

3/4 de taza de azúcar moreno ligero envasado

1/4 de cucharadita de sal kosher

1 cucharadita de extracto puro de vainilla

Direcciones:

Poner un bol mediano en un recipiente grande con agua helada. En otro bol mediano, bata las yemas de huevo hasta que estén pálidas y ligeramente espesas, unos 2 minutos.

En un molinillo de especias, picar los cafés hasta que estén bien picados. En una cacerola mediana, combinar el café con la nata, la mitad de la leche, el azúcar y la sal. Llevar a fuego lento y cocer a fuego moderado, batiendo de vez en cuando, hasta que el azúcar se disuelva totalmente y la mezcla de nata esté humeante, unos 7 minutos. Batir muy gradualmente la mitad de la mezcla de nata caliente en las yemas de huevo batidas en un chorro fino, y luego batir esta mezcla en la cacerola. Cocinar a fuego moderado, removiendo constantemente con una espátula de goma, hasta que la crema sea lo suficientemente espesa como para cubrir ligeramente el dorso de la cuchara, unos 7 minutos; no dejar que hierva.

Transfiera las natillas al bol colocado en el agua helada, añada la vainilla y deje enfriar durante unos treinta minutos, removiendo de vez en cuando. Vierta las natillas a través de un colador de malla fina en otro bol mediano y refrigere hasta que estén muy frías, aproximadamente 1 hora.

Bata las natillas enfriadas varias veces y luego páselas a una heladera. Congele siguiendo las instrucciones del fabricante.

Transfiera el helado a un recipiente de plástico, cúbralo y congele hasta que esté firme, al menos 3 horas

12.   Receta de helado de fresa

Tiempo de preparación: 40 minutos

Porciones: 4

Ingredientes:

1 cuarto de galón de fresas frescas, descascaradas

1 1/2 tazas de crema de leche , divididas

3/4 de taza de azúcar blanco

3 yemas de huevo grandes

3 cucharadas de jarabe de maíz ligero

Direcciones:

Ponga las bayas en el recipiente de una batidora o procesador de alimentos y hágalas puré hasta que estén suaves. Vierta la mezcla en un bol grande y resérvela.

Calentar 1 1/4 de taza de nata en un cazo a fuego medio hasta que empiece a burbujear en el borde del cazo. En un bol enorme, bata el azúcar, las yemas de huevo, el 1/4 de taza de nata restante y el sirope de maíz. Verter poco a poco la nata caliente en la mezcla de yemas, batiendo constantemente. Vuelva a poner la mezcla en el cazo y caliéntela hasta que esté lo suficientemente espesa como para cubrir el dorso de una cuchara de metal, unos cinco minutos. No deje que la mezcla hierva. Pase las natillas al puré de bayas por un colador, mézclelas y refrigérelas hasta que se enfríen.

Llene una heladera con la mezcla y congele según las instrucciones del fabricante.

Capítulo 4: Recetas de helado

13.   Gelato de Tiramisú

Tiempo de preparación: 3-4 horas

Tiempo de cocción: 15 minutos Raciones: 4

Ingredientes:

2/3 de taza de queso mascarpone

1 1/2 tazas de leche 4 yemas de huevo

2/3 de taza de azúcar 1 taza de mitad y mitad

1/4 de taza de café expreso

1 cucharadita de extracto de vainilla

Direcciones:

En un cazo, combinar la leche, las yemas de huevo y el azúcar. Poner el cazo a fuego lento y cocinar, removiendo todo el tiempo, hasta que empiece a espesar y a estar cremoso.

Retirar del fuego, añadir el espresso y dejar que se enfríe a temperatura ambiente. Añada la mitad y el queso mascarpone, así como la vainilla, y transfiera la mezcla a su heladora y bátala según las instrucciones de su máquina.

14.   Gelato de menta

Tiempo de preparación: 3-4 horas

Tiempo de cocción: 15 minutos

Porciones: 4

Ingredientes:

1/2 taza de agua

1/2 taza de azúcar

1/2 taza de hojas de menta fresca

1 taza de mitad y mitad

1/2 taza de leche 4 yemas de huevo

1 taza de nata líquida batida

Direcciones:

En un cazo, mezclar el agua con el azúcar y cocer a fuego lento durante 5 minutos. Añade las hojas de menta, retira del fuego y tapa el cazo. Deje que se infusione durante 30 minutos y luego cuele el jarabe. Reservar.

En otro cazo, mezclar la mitad y la mitad con la leche y las yemas de huevo y cocinar a fuego lento, removiendo todo el tiempo, hasta que esté espeso y cremoso, unos 5-10 minutos. Retirar del fuego y dejar que se enfríe a temperatura ambiente. Incorpore el jarabe de menta y la nata montada y, a continuación, transfiera la mezcla a su heladora y congele según sus instrucciones.

15.   Gelato Espresso

Tiempo de preparación: 2 horas

Tiempo de cocción: 15 minutos

Porciones: 4

Ingredientes:

2 tazas de leche

6 yemas de huevo

1 cucharada de cacao en polvo

2/3 de taza de azúcar

1/4 de taza de café expreso preparado

1 taza de nata líquida batida

Direcciones:

En un cazo, mezclar la leche con las yemas de huevo, el cacao en polvo y el azúcar. Cocer a fuego lento hasta que esté cremoso y espeso, unos 5-10 minutos.

Remover todo el tiempo para evitar que se pegue al fondo de la cacerola. Cuando esté hecho, retirar del fuego e incorporar el café expreso.

Deje que se enfríe a temperatura ambiente y luego incorpore la nata montada.

Pasar a la heladora y batir según las instrucciones de la máquina.

16. Gelato de limón y mascarpone

Tiempo de preparación: 2 horas

Tiempo de cocción: 15 minutos

Porciones: 4

Ingredientes:

1/2 taza de zumo de limón

1/2 taza de azúcar

2 huevos 2 cucharadas de mantequilla

1 cucharada de ralladura de limón

1 taza de mitad y mitad 1 taza de queso mascarpone

1 cucharadita de extracto de vainilla

Direcciones:

En un bol, mezclar el zumo de limón con los 2 huevos, la ralladura de limón, la mantequilla y el azúcar. Cocinar la mezcla en el microondas durante 2-3 minutos, divididos en intervalos de 30 segundos.

Después de cada 30 segundos, retirar del microondas y remover bien. Cuando esté hecho, debe estar espeso y cremoso.

Mientras está caliente, páselo por un colador fino para eliminar la ralladura y déjelo enfriar a temperatura ambiente. Incorpore la mitad y el mascarpone, así como la vainilla.

Transfiera la mezcla a su heladora y congele según las instrucciones de su máquina.

17. Gelato de albahaca

Tiempo de preparación: 2 horas

Tiempo de cocción: 15 minutos

Porciones: 4

Ingredientes:

1/2 taza de agua

1/2 taza de azúcar

1/2 taza de hojas de albahaca fresca

1 1/2 tazas de leche

5 yemas de huevo

1 taza de nata líquida batida

Direcciones:

En un cazo, mezclar el agua con el azúcar y cocer a fuego lento durante 5 minutos. Añada las hojas de albahaca, retire del fuego y cubra la cacerola con una tapa. Deje que se infusione durante 30 minutos y luego cuele el jarabe. Reservar.

En otro cazo, mezclar la leche con las yemas de huevo y cocinar a fuego lento, removiendo todo el tiempo, hasta que esté espeso y cremoso, unos 5-10 minutos. Retirar del fuego y dejar que se enfríe a temperatura ambiente. Incorpore el sirope de albahaca y la nata montada y, a continuación, transfiera la mezcla a su heladora y congele según sus instrucciones.

Capítulo 5: Recetas de yogur helado

18. Fro-yo de caramelo y nueces crujientes

Tiempo de preparación: 30 minutos

Porciones: 3

Ingredientes:

1 ½ tazas de leche entera1 taza de salsa de caramelo suave o jarabe (cualquier preparación casera o comprada en la tienda servirá)

1 taza de nueces picadas gruesas

1 ½ tazas de azúcar granulado 3 tazas de yogur de vainilla sin grasa

¼ de taza de crema de leche 1 ½ cucharaditas de extracto de vainilla

Direcciones:

Asegúrese de que su congelador esté a 0 grados fahrenheit (-18 grados centígrados) o menos. Coloque el accesorio para helados en el congelador durante al menos 15 horas.

Compruebe que el bol de helado está completamente congelado dándole una sacudida antes de usarlo. Si no oye ningún movimiento, el líquido refrigerante del bol está bien congelado.

Con la batidora de pie y un recipiente para mezclar, combine la leche con el azúcar hasta que el azúcar se disuelva por completo.

Incorporar el extracto de vainilla, la crema de leche y el yogur, removiendo bien hasta que todos los ingredientes estén bien combinados. Cubra y refrigere durante 1 o 2 horas.

Saque el bol de helado del congelador y colóquelo en el centro de la base de su batidora.

Deslice el accionamiento de montaje en la parte inferior del cabezal de la batidora. Coloque el rascador en la cubeta y conéctelo al accionamiento de montaje.

Cuando su batidora de pie esté preparada, póngala en modo "nivel 1" o "batido". El batidor comenzará a girar en el bol. Vierta inmediatamente la mezcla refrigerada del bol de la batidora al bol del congelador.

Después de aproximadamente 20 minutos (en los últimos cinco minutos de congelación), añada la salsa de caramelo y las nueces picadas en el bol de helado para dejar que se mezclen completamente. Deje que se mezcle y congele durante otros 5 minutos.

Después de unos 25-30 minutos (en total), la mezcla se habrá congelado hasta alcanzar una consistencia espesa y cremosa de helado blando, con el caramelo y los frutos secos perfectamente mezclados en cada bola. Servir directamente del bol de helado en cuencos o conos y disfrutar.

Para obtener una consistencia más dura, transfiera la mezcla del bol del congelador a un recipiente hermético y manténgalo en el congelador durante al menos 2 horas más.

19. Fro-yo de pera

Tiempo de preparación: 30 minutos

Porciones: 3

Ingredientes:

5 tazas de peras frescas maduras, cortadas en cubos, peladas y trituradas

1 ½ tazas de leche entera

¾ de taza de azúcar granulado

4 tazas de yogur de vainilla sin grasa

¼ de taza de crema de leche

1 cucharada de extracto puro de vainilla

Direcciones:

Asegúrese de que su congelador esté a 0 grados fahrenheit (-18 grados centígrados) o menos. Coloque el accesorio para helados en el congelador durante al menos 15 horas.

Compruebe que el bol de helado está completamente congelado dándole una sacudida antes de usarlo. Si no oye ningún movimiento, el líquido refrigerante del bol está bien congelado.

Con la batidora de pie y un recipiente para mezclar, combine la leche y el azúcar, a baja velocidad hasta que el azúcar se disuelva completamente en la leche.

Incorporar el yogur, la nata espesa, el extracto de vainilla y el puré de pera. Triturar y batir bien hasta que la pera y los demás ingredientes estén completamente combinados. No pasa nada si las peras se quedan un poco troceadas - ¡a elección del chef! Tapar y refrigerar durante 1 ó 2 horas.

Saque el bol de helado del congelador y colóquelo en el centro de la base de su batidora.

Deslice el accionamiento de montaje en la parte inferior del cabezal de la batidora. Coloque el rascador en la cubeta y conéctelo al accionamiento de montaje.

Cuando su batidora de pie esté preparada, póngala en modo "nivel 1" o "batido". El batidor comenzará a girar en el bol. Vierta inmediatamente la mezcla refrigerada del bol de la batidora al bol del congelador.

Después de unos 25-30 minutos, la mezcla se habrá congelado hasta alcanzar una consistencia espesa y cremosa de helado blando. Servir directamente del bol de helado en cuencos o conos y disfrutar.

Para obtener una consistencia más dura, transfiera la mezcla del bol del congelador a un recipiente hermético y manténgalo en el congelador durante al menos 2 horas más.

20. Fro-yo de brownie con triple chocolate y caramelo

Tiempo de preparación: 30 minutos

Porciones: 3

Ingredientes:

1 ½ tazas de brownies de chocolate desmenuzados (su receta casera favorita o cualquier preparación comprada en la tienda servirá, siempre y cuando se enfríe antes de usarla)

1 taza de chips de chocolate negro semidulce

1 ½ tazas de leche entera 1 taza de cacao en polvo

1 ½ tazas de azúcar granulado 3 tazas de yogur de vainilla sin grasa

¼ de taza de crema de leche 1 ½ cucharaditas de extracto de vainilla

Direcciones:

Asegúrese de que su congelador esté a 0 grados fahrenheit (-18 grados centígrados) o menos. Coloque el accesorio para helados en el congelador durante al menos 15 horas.

Compruebe que el bol de helado está completamente congelado dándole una sacudida antes de usarlo. Si no oye ningún movimiento, el líquido refrigerante del bol está bien congelado.

Con la batidora de pie y un recipiente para mezclar, combine la leche con el azúcar y el cacao en polvo del proceso holandés hasta que todos los ingredientes se mezclen uniformemente.

Añada el extracto de vainilla, la nata líquida y el yogur, removiendo bien hasta que todos los ingredientes se hayan mezclado uniformemente. Cubra y refrigere durante 1 ó 2 horas.

Saque el bol de helado del congelador y colóquelo en el centro de la base de su batidora.

Deslice el accionamiento de montaje en la parte inferior del cabezal de la batidora. Coloque el rascador en la cubeta y conéctelo al accionamiento de montaje.

Cuando su batidora de pie esté preparada, póngala en modo "nivel 1" o "batido". El batidor comenzará a girar en el bol. Vierta inmediatamente la mezcla refrigerada del bol de la batidora al bol del congelador.

Después de aproximadamente 20 minutos (en los últimos cinco minutos de congelación), añada los trozos de brownie desmenuzados y los trozos de chocolate semidulce en el bol de helado para dejar que se mezclen completamente.

Al cabo de unos 25-30 minutos (en total), la mezcla se habrá congelado hasta alcanzar una consistencia espesa y cremosa, con los trozos de chocolate y de brownie perfectamente congelados e incrustados. Servir directamente del bol de helado en cuencos o conos y disfrutar.

Para obtener una consistencia más dura, transfiera la mezcla del bol del congelador a un recipiente hermético y manténgalo en el congelador durante al menos 2 horas más.

21. Fro-yo de bayas

Tiempo de preparación: 30 minutos

Porciones: 3

Ingredientes:

¾ de taza de leche entera

¼ de taza de azúcar granulado

4 tazas de yogur de vainilla bajo en grasa

18 onzas de bayas mixtas congeladas (descongeladas, hechas puré y coladas para eliminar las semillas

1 cucharada de extracto puro de limón (o de vainilla, a elección del chef)

Direcciones:

Asegúrese de que su congelador esté a 0 grados fahrenheit (-18 grados centígrados) o menos. Coloque el accesorio para helados en el congelador durante al menos 15 horas.

Compruebe que el bol de helado está completamente congelado dándole una sacudida antes de usarlo. Si no oye ningún movimiento, el líquido refrigerante del bol está bien congelado.

Con la batidora de pie y un recipiente para mezclar, combine la leche y el azúcar, a baja velocidad hasta que el azúcar se disuelva completamente en la leche.

Añada el yogur, el puré de bayas y el extracto de limón (o vainilla). Tapar y refrigerar durante 1 ó 2 horas.

Saque el bol de helado del congelador y colóquelo en el centro de la base de su batidora.

Deslice el accionamiento de montaje en la parte inferior del cabezal de la batidora. Coloque el rascador en la cubeta y conéctelo al accionamiento de montaje.

Cuando su batidora de pie esté preparada, póngala en modo "nivel 1" o "batido". El batidor comenzará a girar en el bol. Vierta inmediatamente la mezcla refrigerada del bol de la batidora al bol del congelador.

Después de unos 25-30 minutos, la mezcla se habrá congelado hasta alcanzar una consistencia espesa y cremosa de helado blando. Servir directamente del bol de helado en cuencos o conos y disfrutar.

22.   Yogur helado de chocolate negro y coco

Tiempo de preparación: 30 minutos Raciones: 3

Ingredientes: 1 leche de coco de 14 onzas ¼ de taza de miel 2 cucharaditas de cacao en polvo 1 cucharada de arrurruz en polvo Una pizca de sal 1 ½ taza de yogur natural ½ taza de trocitos de chocolate semidulce ½ taza de copos de coco secos Instrucciones:

En un cazo, añadir la leche de coco, la miel, el cacao y el arrurruz. Llevar a ebullición a fuego lento hasta que la mezcla se espese ligeramente. Asegúrese de mezclar constantemente. Retirar del fuego y dejar que se enfríe. En un bol frío, mezclar la sal y el yogur. Añadir la mezcla de leche de coco. Bata hasta que esté suave.

Encienda la heladora Whynter y vierta la mezcla.

Batidora durante 10 minutos.

Poner en un recipiente hermético y congelar durante la noche.

Decorar con trozos de chocolate y copos de coco antes de servir.

23. Yogur helado de suero de leche

Tiempo de preparación: 10 minutos

Porciones: 4

Ingredientes: 1 taza de azúcar ½ taza de jarabe de maíz ligero ¼ de taza de agua 1/8 de cucharadita de sal 2 tazas de yogur griego natural entero 1 taza de suero de leche, agitado 5 cucharaditas de zumo de limón fresco Instrucciones:

Poner el azúcar, el jarabe de maíz y el agua en un cazo y llevar a ebullición a fuego lento sin dejar de remover. Añadir la sal. Seguir removiendo hasta que el azúcar se disuelva. Retirar del fuego y reservar.

En un recipiente frío, mezcle la mezcla de azúcar, el yogur griego, el suero de leche y el zumo de limón.

Encienda la heladora Whynter y vierta la mezcla.

Batidora durante 10 minutos.

Poner en un recipiente hermético y congelar durante la noche.

Decorar con trozos de chocolate y copos de coco antes de servir.

Capítulo 6: Recetas de sorbetes y granizados

24. Sorbete de piña

Tiempo de preparación: 4 horas Raciones: 5

Ingredientes:

½ taza de agua ½ taza de azúcar 2 tazas de piña cortada en cubos

1 cucharada de zumo de limón fresco

Direcciones:

En una batidora, añada la papaya, el azúcar y el zumo de lima y bata hasta que esté suave.

Vierta la mezcla en la heladora y congele según las instrucciones del fabricante. Ahora transfiere a un recipiente y congela durante unas 3 o 4 horas.

25.   Sorbete de sandía

Tiempo de preparación: 4 horas Tiempo de cocción: 20 minutos

Raciones: 5

Ingredientes:

1 ¼ tazas de agua 1 ¼ tazas de azúcar

6 tazas de sandía fresca, sin corteza, sin semillas y cortada en cubos

3 cucharadas de zumo de lima fresco

Direcciones:

En una cacerola, añadir el agua y el azúcar y cocinar a fuego medio. Tapa y cocina a fuego lento durante 3 minutos. Retirar del fuego y dejar enfriar a temperatura ambiente.

En una batidora, añada la mezcla de azúcar, la sandía y el zumo de lima y mézclelo todo hasta que quede suave. Pase la mezcla por un colador fino.

Vierta la mezcla en la heladora y congele según las instrucciones del fabricante. Ahora transfiere a un recipiente y congela durante unas 3 o 4 horas.

26.   Sorbete de chocolate y menta

Tiempo de preparación: 4 horas

Tiempo de cocción: 20 minutos

Porciones: 5

Ingredientes:

2 ½ tazas de agua

¾ de taza de azúcar

1 taza de cacao en polvo

½ cucharadita de extracto de menta

½ cucharadita de extracto de vainilla

Direcciones:

En una cacerola, añadir el agua, el azúcar y el cacao en polvo y cocer, removiendo, a fuego medio. Llevar a ebullición.

Tapar y cocer a fuego lento durante 1 minuto. Retirar del fuego y dejar enfriar a temperatura ambiente.

Añada el extracto de menta y de vainilla. Vierta la mezcla en la heladora y congele según las instrucciones del fabricante.

Ahora transfiera a un recipiente y congele durante unas 3 o 4 horas.

27.   Sorbete de chocolate y naranja

Tiempo de preparación: 4 horas

Tiempo de cocción: 20 minutos

Porciones: 5

Ingredientes:

3 tazas de agua

1 ½ tazas de azúcar

1 taza de cacao en polvo

½ cucharadita de extracto de vainilla

1 taza de zumo de naranja fresco

Cáscara de 2 naranjas, rallada finamente

Direcciones:

En una cacerola, añadir el agua, el azúcar y el cacao en polvo y cocer, removiendo, a fuego medio. Llevar a ebullición. Tapar y cocer a fuego lento durante 1 minuto.

Retirar del fuego y dejar enfriar a temperatura ambiente.

Incorporar el extracto de vainilla, el zumo de naranja y la ralladura. Vierta la mezcla en la heladora y congele según las instrucciones del fabricante. Ahora transfiera a un recipiente y congele durante unas 3 o 4 horas.

28.   Sorbete de mantequilla de cacahuete

Tiempo de preparación: 4 horas

Tiempo de cocción: 20 minutos

Porciones: 5

Ingredientes:

2 tazas de agua

1 taza de azúcar

½ taza de cacao semidulce en polvo

Una pizca de sal

¼ de taza de mantequilla de cacahuete

½ cucharadita de extracto de vainilla

Direcciones:

En una cacerola, añadir el agua, el azúcar, el cacao en polvo y la sal y cocer, removiendo, a fuego medio. Llevar a ebullición.

Tapa y cocina a fuego lento durante 1 minuto. Retire del fuego y añada la mantequilla de cacahuete. Deje que se enfríe a temperatura ambiente.

Añadir el extracto de vainilla. Vierta la mezcla en la heladora y congele según las instrucciones del fabricante. Ahora transfiera a un recipiente y congele durante unas 3 o 4 horas.

29.   Sorbete de plátano

Tiempo de preparación: 2 horas

Tiempo de cocción: 20 minutos

Porciones: 4

Ingredientes:

1½ tazas de agua

1 taza de azúcar

Una pizca de sal

½ taza de zumo de limón fresco

1 ¼ de taza de plátano, machacado finamente

Direcciones:

En una cacerola, añadir el agua, el azúcar y la sal y cocinar a fuego medio.

Tapar y cocer a fuego lento durante 3 minutos. Retirar del fuego y dejar enfriar a temperatura ambiente.

En una batidora, añadir la mezcla de azúcar, el plátano y el zumo de limón y batir hasta que esté suave.

Vierte la mezcla en la heladora y congela según las instrucciones del fabricante. Ahora

30.   Sorbete de manzana y plátano

Tiempo de preparación: 2 horas

Porciones: 4

Ingredientes:

½ taza de azúcar

1 ½ tazas de manzana Granny Smith, pelada, sin corazón y picada

1 taza de plátano, triturado finamente

Direcciones:

En una batidora, añadir el azúcar, la manzana y el plátano y batir hasta que esté suave.

Vierta la mezcla en la heladora y congele según las instrucciones del fabricante. Ahora transfiere a un recipiente y congela durante unas 2 o 3 horas.

31. Sorbete de manzana y canela

Tiempo de preparación: 2 horas Raciones: 4

Ingredientes:

1 taza de agua 1 taza de azúcar

1 manzana granny Smith grande, pelada, sin corazón y cortada en rodajas

1 cucharadita de canela en polvo 2 cucharaditas de zumo de limón fresco

Direcciones:

En una cacerola, añadir el agua, el azúcar y la sal y cocinar a fuego medio. Tapar y cocer a fuego lento durante 1 minuto. Retirar del fuego y dejar que se enfríe a temperatura ambiente.

En una batidora, añada la mezcla de azúcar, la manzana, la canela y el zumo de limón y bata hasta que quede suave.

Vierta la mezcla en la heladora y congele según las instrucciones del fabricante. Ahora transfiere a un recipiente y congela durante unas 3 o 4 horas.

32. Sorbete de mora

Tiempo de preparación: 2 horas

Tiempo de cocción: 20 minutos

Porciones: 4

Ingredientes:

1 taza de agua

8 tazas de moras frescas

2 cucharaditas de zumo de limón fresco

1 taza de azúcar

Direcciones:

En una batidora, añada el agua, las moras y el zumo de limón y bata hasta que esté suave.

En una cacerola, añada la mezcla de moras y el azúcar y llévela a ebullición a fuego medio. Retirar del fuego inmediatamente y dejar que se enfríe a temperatura ambiente.

Pasar la mezcla por un colador fino. Vierta la mezcla en la heladora y congele según las instrucciones del fabricante. Ahora transfiera a un recipiente y congele durante unas 3 o 4 horas.

Capítulo 7: Recetas de postres congelados

33. Paletas de caramelo de leche de coco

Tiempo de preparación: 3 horas

Tiempo de cocción: 10 minutos

Porciones: 4

Ingredientes

1 lata (13,5 onzas) de leche de coco entera

⅓ taza de cacao en polvo

⅓ taza de edulcorante en polvo a base de eritritol

Una pizca de sal

1½ cucharadita de extracto de vainilla

Direcciones

En un cazo a fuego medio, batir la leche de coco, el cacao en polvo, el edulcorante y la sal.

Llevar a fuego lento, batiendo constantemente.

Cocer a fuego lento de 4 a 5 minutos.

Bata el extracto de vainilla y retire del fuego. Dejar enfriar durante 10 minutos.

Verter en los moldes de polos.

Congele durante 1 hora y luego introduzca un palito a dos tercios de cada molde.

Congelar durante al menos 5 horas más.

Para desmoldar, páselo por agua caliente durante 20 o 30 segundos y, a continuación, gire el palito suavemente para soltarlo.

34.   Helados de vainilla y almendra

Tiempo de preparación: 3 horas

Porciones: 4

Ingredientes

2 tazas de leche de almendras

1 taza de nata para montar

1 vaina de vainilla, cortada por la mitad a lo largo

1 taza de coco rallado sin azúcar

Direcciones

Poner un cazo a fuego medio y añadir la leche de almendras, la nata espesa y la vaina de vainilla.

Llevar el líquido a fuego lento. Seguir cociendo a fuego lento durante 5 minutos.

Dejar enfriar el líquido durante 2 horas.

Saque la vaina de vainilla del líquido y utilice un cuchillo para raspar las semillas de la vaina en el líquido.

Añade el coco y reparte el líquido entre los moldes de polos.

Congele hasta que esté sólido, unas 4 horas, y disfrute.

35. Tarta de queso con fresas

Tiempo de preparación: 2 horas

Porciones: 4

Ingredientes

4 oz de queso crema, ablandado

½ taza de nata para montar

¼ de taza más 2 cucharadas de edulcorante en polvo a base de eritritol

1 cucharadita de ralladura de limón

2 cucharaditas de zumo de limón fresco

1 taza de fresas picadas, divididas

Direcciones

Poner el queso crema en un procesador de alimentos o en una batidora de alta potencia y procesar hasta que quede suave.

Añadir la nata, el edulcorante, la ralladura de limón y el zumo de limón. Procese hasta que esté bien combinado.

Añada ¾ de taza de las fresas y procese hasta que esté casi completamente liso.

Incorporar el resto de las fresas picadas.

Vierte la mezcla en los moldes de polos y empuja un palito a unos dos tercios de cada molde.

Congelar durante al menos 4 horas.

Para desmoldar, páselo por agua caliente durante 20 o 30 segundos y, a continuación, gire el palito suavemente para soltarlo.

36.   Sorbete de frambuesa

Tiempo de preparación: 3 horas Raciones: 4

Ingredientes

½ taza de nata montada baja en grasas ¼ de taza de leche de coco

¼ de taza de frambuesas 3 cucharaditas de stevia Instrucciones

Puré de frambuesas.

Remover para combinar la nata montada y la leche de coco. Si utiliza una batidora de varillas, cremará la mezcla sin que se formen picos fuertes.

Añadir una cucharadita de stevia.

Combinar el puré de frambuesas y la mezcla de crema.

Poner el sorbete en un recipiente y congelar durante 35 minutos.

Licuar el sorbete hasta que se asemeje a trozos de hielo.

Volver a meter el sorbete en el congelador durante 2 horas.

Capítulo 8: Recetas de tartas, barritas y pasteles de helado

37. Tarta de lima congelada

Tiempo de preparación: 2 horas

Porciones: 3

Ingredientes:

1 1/2 tazas de galletas Graham

1/2 taza de mantequilla derretida

1 cucharadita de ralladura de lima

16oz de helado de vainilla

ralladura y zumo de 1 lima

Direcciones:

Poner las galletas en una batidora y pulsar hasta que estén molidas. Añada la mantequilla derretida y 1 cucharadita de ralladura de lima y, a continuación, transfiera la mezcla a un molde para tartas o pasteles de 9 pulgadas y presione sobre el fondo y los lados del molde. Reservar.

En un bol, mezcle el helado ablandado con la ralladura y el zumo de lima y, a continuación, vierta la mezcla en la masa de la tarta. Congele al menos 2 horas antes de servir.

38.　Tarta de limón y moras congelada

Tiempo de preparación: 2 horas

Porciones: 3

Ingredientes:

1 1/2 tazas de galletas de vainilla

1/2 taza de mantequilla derretida

1 cucharadita de ralladura de limón

2 cucharadas de azúcar en polvo

16oz de helado de vainilla

1 taza de arándanos frescos o congelados 1 cucharada de ralladura de limón

2 cucharadas de zumo de limón 2 cucharadas de azúcar

Direcciones:

Poner las galletas, la mantequilla derretida, 1 cucharadita de ralladura de limón y el azúcar en polvo en un procesador de alimentos y pulsar hasta que esté bien molido. Póngalo en un molde para tartas de 9 pulgadas o en un molde para tartas y presione sobre el fondo y los lados del molde. Reservar.

Para hacer el relleno, mezcle las moras con la ralladura de limón, el azúcar y el zumo de limón hasta que esté suave. Incorpore el helado ablandado y, a continuación, vierta la mezcla con una cuchara en la corteza y congele al menos 2 horas antes de servir.

Capítulo 9: Más recetas particulares

39. Sándwiches de helado de jengibre

Tiempo de preparación: 50 minutos

Raciones: 2

Ingredientes:

1 taza de mantequilla, ablandada

1/2 taza de azúcar moreno

1/2 taza de azúcar blanco

1/2 taza de melaza

1 huevo

1 cucharadita de extracto de vainilla

2 tazas de harina para todo uso

1/2 cucharadita de bicarbonato de sodio

1 pizca de sal

1 cucharadita de canela

1 cucharadita de jengibre molido

1/2 cucharadita de clavo de olor molido

4 tazas de helado de vainilla

Direcciones:

En un bol, mezclar la mantequilla con el azúcar blanco y el azúcar moreno hasta que esté cremosa y esponjosa. Añadir el huevo, seguido de la melaza, la vainilla y todas las demás especias. Incorporar la harina mezclada con el bicarbonato y una pizca de sal.

Refrigere la masa durante 1 hora y luego forme pequeñas bolas de masa. Páselas por azúcar blanco granulado y colóquelas en una bandeja de horno forrada con papel de hornear. Hornee en el horno precalentado a 350F durante 15-20 minutos. Déjelas enfriar en la bandeja.

Una vez fríos, únelos de dos en dos con el helado y sírvelos.

40. Sándwiches de helado de macarrones

Tiempo de preparación: 40 minutos

Raciones: 2

Ingredientes:

3 claras de huevo

1/4 de taza de azúcar blanco

1 2/3 tazas de azúcar en polvo

1 taza de harina de almendra

1 pizca de sal

2 tazas de helado de su elección

Direcciones:

En un bol, tamizar la harina de almendras con el azúcar en polvo y reservar.

En otro recipiente, batir las claras de huevo con una pizca de sal a punto de nieve y luego añadir el azúcar blanco y mezclar hasta que se forme un merengue firme y brillante. Incorporar suavemente la mezcla de harina de almendra. Añada colorante alimentario si lo desea y transfiera la masa a una manga pastelera. Coloque pequeños macarrones en una bandeja de horno forrada con papel de hornear y hornee en el horno precalentado a 300F durante 15-20 minutos. Están hechos cuando tienen una pequeña "falda" y una tapa lisa. Déjelos enfriar en la bandeja antes de utilizarlos.

Cuando estén fríos, únelos de dos en dos con tu helado favorito.

41.   Helado de taro de color púrpura

Tiempo de preparación: 2 horas y 20 minutos

Raciones: 2

Ingredientes:

1 taza de taro morado, pelado y cortado en cubos

1 taza de leche entera helada

¾ de taza de azúcar

1 ½ taza de nata líquida helada

2 cucharadas de extracto de vainilla

Direcciones:

Coloque el taro morado en una cacerola y añada suficiente agua para cubrir el taro. Llevar a ebullición durante 35 minutos o hasta que esté blando. Escurrir para eliminar el exceso de agua. Triturar el taro morado con un tenedor y eliminar los grumos grandes. Reservar para que se enfríe.

Poner agua helada en un bol grande para mezclar. Coloca un bol pequeño encima del bol grande con hielo.

Poner la leche y el azúcar en el bol y remover para disolver el azúcar. Añada el taro triturado y enfriado en la mezcla. Añada la crema de leche y la vainilla. Remover para combinar.

Encienda la heladora Whynter y vierta la mezcla. Congele durante 45 minutos.

Páselo a un recipiente hermético.

Congele durante la noche.

42.   Helado de crema básica con sal marina

Tiempo de preparación: 30 minutos

Porciones: 2

Ingredientes:

3 tazas de leche entera

1 taza de azúcar

8 yemas de huevo

1 cucharadita de vainilla

Una pizca de sal marina gruesa

Direcciones:

Añadir la leche y el azúcar en un cazo y calentar a fuego medio-bajo. Cocer a fuego lento durante 3 minutos o hasta que el azúcar se disuelva. Retirar del fuego.

En un bol, batir las yemas de huevo. Rocíe ½ taza de la leche caliente en las yemas de huevo mientras bate constantemente para formar una mezcla suave. Vuelva a batir la mezcla de huevos en la olla.

Poner el fuego a medio-bajo y cocinar hasta que la mezcla empiece a espesar. Remover constantemente mientras se cocina.

Apagar el fuego y colar la mezcla para eliminar los grumos. Dejar que la leche se enfríe a temperatura ambiente. Colocar en la nevera para que se enfríe durante 2 horas.

Encienda la heladora Whynter y vierta la mezcla. Bata durante 15 minutos.

Pasar a un recipiente hermético y espolvorear con sal marina por encima.

Poner en la nevera para que se enfríe completamente.

43.   Helado de uva

Tiempo de preparación: 2 horas y 50 minutos

Raciones: 2

Ingredientes:

2 tazas de crema de leche

1 taza de leche

3/4 de taza de azúcar

1 cucharadita de extracto de vainilla

2 latas (12 onzas) de zumo de uva concentrado congelado

zumo de 3 limones

Direcciones:

Ponga la leche y la nata en un bol y mézclelas hasta que estén bien combinadas. Utilizar un batidor de varillas para incorporar el azúcar. Continúe batiendo durante unos 4 minutos hasta que el azúcar se disuelva. A continuación, añada el extracto de vainilla, el zumo de uva y el zumo de limón.

Vierta los ingredientes en su heladera y déjela batir durante 25 minutos.

Ponga el helado en un recipiente hermético y métalo en el congelador durante unas 2 horas. Deje que el helado se descongele durante 15 minutos antes de servirlo.

44.   Helado vegano de vainilla y soja con canela

Tiempo de preparación: 35 minutos

Raciones: 2

Ingredientes:

1 libra de tofu sedoso

½ taza más 2 cucharadas de azúcar orgánico o granulado

½ cucharadita de sal kosher

1 vaina de vainilla, partida a lo largo

¾ de taza de aceite de coco refinado, derretido y ligeramente enfriado

2 cucharaditas de canela

Direcciones:

NOTA: ¡Congele su bol de helado durante al menos 24 horas antes de empezar!

Ponga los 3 primeros ingredientes en una batidora. A continuación, añada las semillas de la vaina de vainilla. Triture la mezcla hasta que esté suave, unos 15 segundos. Ponga la batidora a velocidad media y añada lentamente el aceite de coco y la canela. Bate la mezcla hasta que quede espesa, pero no la mezcles demasiado.

Vierta los ingredientes en su heladera y déjela batir durante 25 minutos.

Servir inmediatamente.

45. Yogur Congelado de Soja Vegano de Frambuesa y Calabaza

Tiempo de preparación: 2 horas y 50 minutos Raciones: 2

Ingredientes:

2 ¾ tazas de yogur de soja natural sin azúcar

1¼ de mermelada de frambuesa 1 cucharada de especias de calabaza

Direcciones:

NOTA: ¡Congele su bol de helado durante al menos 24 horas antes de empezar! Poner el yogur en un bol y mezclar con la mermelada. Bate la mezcla con una batidora de mano durante 5 minutos. Vierte los ingredientes en tu heladera y deja que se bata durante 25 minutos.

Poner el yogur congelado en un recipiente hermético y meterlo en el congelador durante al menos 2 horas, hasta alcanzar la consistencia deseada.

46. Helado de mantequilla de cacahuete y chocolate blanco

Tiempo de preparación: 40 minutos

Raciones: 2

Ingredientes:

2 tazas de crema de leche

1 taza de leche

3/4 taza de azúcar

1 cucharada de extracto de vainilla

1/2 taza de mantequilla de cacahuete ligeramente derretida

2 onzas de chocolate semidulce

Direcciones:

NOTA: ¡Congele su bol de helado durante al menos 24 horas antes de empezar!

Derretir el chocolate en un cazo mediano a fuego lento. Deja que el chocolate se enfríe un poco.

Mientras se enfría el chocolate, ponga la leche y la nata en un bol y mézclelas hasta que estén bien combinadas. Utilizar un batidor de varillas para incorporar el azúcar. Continúe batiendo durante unos 4 minutos hasta que el azúcar se disuelva. Añada el extracto de vainilla. A continuación, añada la mantequilla de cacahuete y el chocolate.

Vierta los ingredientes en su heladera y déjela batir durante 25 minutos.

Servir inmediatamente.

47.   Receta de helado de higo

Tiempo de preparación: 4 horas

Raciones: 2

Ingredientes:

2 tazas de higos secos

2 cucharadas de azúcar blanco

1 cucharadita de zumo de limón

2 1/2 tazas de media leche

1/2 taza de azúcar blanco

3 yemas de huevo grandes 1 cucharadita de sal

1 taza de crema agria reducida en grasas 1 cucharadita de extracto de vainilla

Direcciones:

Remojar los higos en un plato de agua hasta que se ablanden, de tres a cuatro 4 horas. Escurrir los higos y picarlos.

Combinar los higos picados, 2 cucharadas de azúcar y el zumo de limón en un cazo a fuego medio; cocinar y remover hasta que el azúcar se disuelva y los higos empiecen a deshacerse, de 4 a 5 minutos. Retirar el cazo del fuego y enfriar a temperatura ambiente, de 15 a 20 minutos. Cubrir el cazo con una tapa y refrigerar.

Calentar la mitad y la mitad en una cacerola pesada a fuego medio-alto hasta que esté caliente, pero no hirviendo, de 5 a 6 minutos. Retirar el cazo del fuego.

Batir 1/2 taza de azúcar, las yemas de huevo y la sal en un cuenco hasta que esté suave. Atemperar la mezcla de huevos rociando de 1 a 2 cucharadas de media leche en la mezcla de huevos, mientras se bate constantemente la mezcla de huevos hasta que se caliente ligeramente. Vierta la mezcla de huevos en la media leche y vuelva a poner la cacerola a fuego medio-bajo; cocine, batiendo constantemente, hasta que las natillas estén suaves y espesas, unos cinco minutos.

Colocar el cazo con las natillas en el frigorífico, removiendo de vez en cuando, hasta que se enfríen, unos treinta minutos. Incorpore la crema agria y el extracto de vainilla a las natillas frías. Tapar el cazo y enfriar las natillas por completo, al menos 3 horas.

Procesar las natillas en una heladora según las instrucciones del fabricante. Incorpore la mezcla de higos al helado en los últimos 5 minutos de procesamiento. Transfiera el helado de higo a un recipiente y congele hasta que esté sólido.

48.   Receta de yogur helado de tarta de cerezas

Tiempo de preparación: 4 horas

Raciones: 2

Ingredientes:

1 paquete (8 onzas) de queso crema, ablandado

1 taza de azúcar blanco

1 cucharada de zumo de limón

3 tazas de yogur griego natural

2 tazas de cerezas frescas deshuesadas y picadas

Direcciones:

En un bol enorme, triturar el queso crema con el azúcar hasta que esté bien combinado; añadir el zumo de limón, y mezclar el yogur, con respecto a una taza a la vez, hasta que la mezcla esté suave y cremosa. Incorporar las cerezas. Cubra el bol con papel de plástico y enfríelo hasta que esté muy frío, al menos durante 4 horas.

Vierta la mezcla en un congelador de helados y congele según las instrucciones del fabricante. Para obtener una textura más firme, envase el yogur congelado directamente en un recipiente con tapa, y congele durante muchas horas.

49.   Receta de flan de chocolate negro y canela

Tiempo de preparación: 6 horas

Tiempo de cocción: 20 minutos

Raciones: 2

Ingredientes:

2 1/2 tazas de nata para montar

1/2 taza de leche 3/4 de taza de azúcar blanco

2 cucharadas de cacao negro en polvo sin azúcar

1 onza de chocolate negro de alta calidad (85%), finamente picado

5 yemas de huevo grandes

1 1/2 cucharaditas de canela en polvo, más para espolvorear

Direcciones:

Bata la nata, la leche, el azúcar y el cacao en polvo en un cazo a fuego medio hasta que la mezcla esté bien combinada y el azúcar se haya disuelto. Llevar casi a fuego lento y añadir los chocolates hasta que se derritan. Bata las yemas de huevo en la mezcla de crema y cocine hasta que la masa esté ligeramente espesa, de 1 a 2 2 minutos. Pasar a un recipiente, tapar y refrigerar hasta que se enfríe, al menos 6 horas.

Incorpore la canela a la masa de las natillas enfriadas y congele en una máquina de helados siguiendo las instrucciones del fabricante. Espolvoree las natillas congeladas con más canela para servirlas.

50.   Natillas de vainilla congeladas

Tiempo de preparación: 2 horas y 50 minutos

Tiempo de cocción: 20 minutos

Raciones: 2

Ingredientes:

5 yemas de huevo grandes

2/3 de taza de azúcar blanco

1 pizca de sal

1 taza de leche entera

2 tazas de crema de leche

2 1/2 cucharaditas de extracto puro de vainilla

Direcciones:

Bata las yemas de huevo, el azúcar y la sal hasta que la mezcla cambie de color dorado oscuro a amarillo pálido y se vuelva esponjosa.

Calentar la leche y la nata en un cazo grande a fuego medio. Remover de vez en cuando para evitar que se peguen por debajo. Cocinar justo hasta que la mezcla comience a hervir a fuego lento cuando empiecen a aparecer pequeñas burbujas en la parte superior, de 5 a 8 minutos. Retirar del fuego.

Batir un cucharón de la mezcla de leche y nata en la mezcla de yemas. Añadir otro cucharón y batir bien antes de añadir el siguiente (esto podría impedir que los huevos se cocinen). Añadir poco a poco el resto de la mezcla de leche y nata y batir bien. Batir la vainilla. Enfriar completamente (se puede colocar el bol en un recipiente más grande con agua helada para que se enfríe más rápido).

Vierta la mezcla enfriada directamente en una jarra; tápela. Refrigere hasta que se enfríe o durante la noche.

Vierta la mezcla de las natillas en la heladora y procésela (según las instrucciones del fabricante) hasta que las natillas alcancen la consistencia de un helado suave, unos 20 minutos. Pasar rápidamente a un recipiente de plástico.

Colocar un poco de papel de plástico sobre la parte superior de las natillas. Cubra el recipiente y congele hasta que las natillas estén lo suficientemente firmes como para sacarlas, al menos 3 horas.

Conclusión:

¿Cuál es el mejor postre del verano para niños y adultos? Por supuesto, el helado. De frutas, de chocolate, de vainilla, de helado, de sorbete... Hay tantos sabores y variaciones. Pero, ¿has pensado alguna vez en hacer tu propio helado casero? ¿Todavía te preguntas si merece la pena? Pues sí.

¿Cuáles son las ventajas del helado casero frente al comprado en la tienda? En primer lugar, sabes con seguridad de qué ingredientes se compone. Incluirás sólo ingredientes naturales en tu helado y podrás convertirlo en una opción mucho más saludable. Si tú o tus hijos sois alérgicos, podréis modificar la receta y seguir disfrutando de vuestro postre favorito.

También puedes crear tus propios sabores. ¿Te apetece un helado de cereza o de aguacate? No hace falta que lo busques en una tienda, simplemente haz el tuyo propio. La mayoría de las recetas de helados no contienen muchos ingredientes, así que será fácil conseguir todo lo que necesitas.

Puedes controlar el consumo de azúcar. Los helados comprados en la tienda suelen contener mucho azúcar. Haciendo tu propio helado casero puedes incluso sustituir el azúcar por edulcorante, jarabe de arce o miel para que sea una opción más saludable.

Puedes cocinar helados aptos para dietas. Es difícil encontrar un verdadero helado bajo en carbohidratos, vegano o con proteínas en una tienda, pero puedes preparar uno. Haciendo tu propio helado, puedes hacerlo bajo en carbohidratos, alto en proteínas o incluso vegano, sólo tienes que encontrar la mejor receta.

Olvida lo que sabes de los postres aburridos y sosos. Olvídese de todos los intentos anteriores de helados horriblemente malos. En este libro encontrará las recetas más deliciosas para los días calurosos de verano. Las instrucciones paso a paso y las fotografías le ayudarán a empezar a crear estos postres especiales en su propia cocina.

Para hacer un helado perfecto, primero hay que entender las reglas. Hay varios métodos básicos diferentes para hacer helado.

Algunos de los mejores helados que comerá jamás se harán en su propia cocina. Así es... este libro le mostrará cómo convertirse en un maestro en su oficio de "heladero". Lo mejor de hacer tu propio helado es que puedes controlar exactamente lo que contiene. Hoy en día todo el mundo se esfuerza por comer lo más sano posible. Hay muchas maneras de hacer el helado de una manera más saludable que si lo compras en la tienda. La clave está en las sustituciones. Te mostramos cómo sustituir los ingredientes para hacer un helado más saludable para ti, tus amigos y tu familia. La elección depende de ti y las opciones son infinitas!

Lightning Source UK Ltd.
Milton Keynes UK
UKHW021259180621
385747UK00002B/275